© Flávia Aidar, Januária Cristina Alves (coordenação), 2016

COORDENAÇÃO EDITORIAL: Lisabeth Bansi
ASSISTÊNCIA EDITORIAL: Janette Tavano, Patrícia Capano Sanchez
PREPARAÇÃO DE TEXTO: Janette Tavano
COORDENAÇÃO DE EDIÇÃO DE ARTE: Camila Fiorenza
PROJETO GRÁFICO: Camila Fiorenza, Caio Cardoso
DIAGRAMAÇÃO: Caio Cardoso
CAPA: Michele Figueredo
IMAGENS DE CAPA: © Malinovskaya Yulia/Shutterstock
ILUSTRAÇÕES: Diogo César, Chris Borges
COORDENAÇÃO DE ICONOGRAFIA: Luciano Baneza Gabarron
PESQUISA ICONOGRÁFICA: Cristina Mota, Maria Marques
COORDENAÇÃO DE REVISÃO: Elaine Cristina del Nero
REVISÃO: Maristela S. Carrasco
COORDENAÇÃO DE BUREAU: Rubens M. Rodrigues
TRATAMENTO DE IMAGENS: Marina M. Buzzinaro
PRÉ-IMPRESSÃO: Alexandre Petreca, Everton Luis de O. Silva, Marcio H. Kamoto, Vitória Sousa
COORDENAÇÃO DE PRODUÇÃO INDUSTRIAL: Andrea Quintas dos Santos
IMPRESSÃO E ACABAMENTO: Bercrom Gráfica e Editora
LOTE: 776087
CÓD: 12102340

Dados Internacionais de Catalogação na Publicação (CIP)
(Câmara Brasileira do Livro, SP, Brasil)

Aidar, Fávia
    Educação financeira: um guia de valor / Flávia Aidar; Januária Cristina Alves, coordenação. – 1. ed. – São Paulo: Moderna, 2016. – (Coleção informação e diálogo)

    ISBN 978-85-16-10234-0

1. Dinheiro - Administração 2. Educação - Finanças I. Alves, Januária Cristina. II. Título. III. Série.

15-10991   CDD-332.6

Índice para catálogo sistemático:
1. Educação financeira: Economia 332.6

REPRODUÇÃO PROIBIDA. ART. 184 DO CÓDIGO PENAL E LEI Nº 9.610, DE 19 DE FEVEREIRO DE 1998.

Todos os direitos reservados
EDITORA MODERNA LTDA.
Rua Padre Adelino, 758 – Belenzinho
São Paulo – SP – Brasil – CEP 03303-904
Vendas e Atendimento: Tel. (11) 2790-1300
www.modernaliteratura.com.br
2023
Impresso no Brasil

CRÉDITOS DA LETRA (página 25)
Música: Não quero dinheiro (Só quero amar)
Autor: Tim Maia
Editora: Warner Chappel Edições Musicais Ltda.
Todos os direitos reservados.

A Editora empenhou-se ao máximo no sentido de localizar os titulares do direito autoral do artigo *Gol em moedas* (página 55), sem resultado. A Editora reserva os direitos para o caso de comprovada a titularidade.

Flávia Aidar

Professora de História formada pela Universidade de São Paulo (USP), infoeducadora e autora de livros e materiais didáticos e paradidáticos sobre diversos temas, entre eles, educação financeira.

Januária Cristina Alves

COORDENAÇÃO

Jornalista, mestre em Comunicação Social pela Escola de Comunicação e Artes da Universidade de São Paulo (ECA/USP), infoeducadora e autora de mais de 40 livros para crianças e jovens.

Educação financeira

Um guia de valor

1ª edição
2016

Sumário

Educação financeira: um assunto que tem tudo a ver com você, jovem do século XXI — 6

A história do dinheiro — 8

Dinheiro não nasce em árvores — 9

De onde vem o dinheiro — 10

História da evolução do dinheiro — 18

O dinheiro na vida dos jovens — 20

Sua majestade, o dinheiro — 21

Para que serve o dinheiro? — 24

O som do dinheiro — 25

Teste: Qual é o seu perfil de consumidor? — 26

Como ganhar dinheiro? — 28

Estudo e trabalho — 30

Na moral: o que as histórias contam — 31

Trabalho e emprego — 35

Como gastar dinheiro? 36

De quanto dinheiro você precisa para viver? **38**

Tempo é dinheiro **40**

Como comprar, eis a questão! **43**

Planejar para gastar **44**

Como e por que poupar e investir? 52

Planos de riqueza **54**

Poupar por quê? Por que poupar? **56**

Construindo a própria riqueza **66**

Como e por que doar? 72

Doando o próprio sangue **75**

Antes de fechar a conta... **77**

Referências bibliográficas 78

Educação financeira: um assunto que tem tudo a ver com você, jovem do século XXI

Tudo junto e ao mesmo tempo. Esse é o ritmo que o século XXI impõe a todos nós.

Para você não perder o sentido das atitudes e decisões que toma em meio ao turbilhão de vozes e apelos, de milhares de produtos e ofertas, de desejos e opções, é preciso aprender a escolher. Só é capaz de fazer escolhas quem tem liberdade. E só tem liberdade quem tem conhecimento.

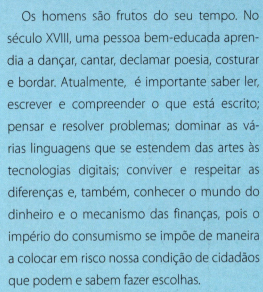

Os homens são frutos do seu tempo. No século XVIII, uma pessoa bem-educada aprendia a dançar, cantar, declamar poesia, costurar e bordar. Atualmente, é importante saber ler, escrever e compreender o que está escrito; pensar e resolver problemas; dominar as várias linguagens que se estendem das artes às tecnologias digitais; conviver e respeitar as diferenças e, também, conhecer o mundo do dinheiro e o mecanismo das finanças, pois o império do consumismo se impõe de maneira a colocar em risco nossa condição de cidadãos que podem e sabem fazer escolhas.

Aprender a ganhar, gastar, poupar, investir e doar são faces da mesma moeda – muitos autores que tratam de Educação Financeira utilizam esses quatro "pilares": ganhar, gastar, poupar/investir – considerados um mesmo pilar, porque você ganha não gastando e também investindo – e doar. Nós os utilizamos desde 2008, quando criamos os materiais de referência para o programa de voluntariado do Banco Real, o *Almanaque de Educação Financeira*. Às vezes, gastar é investir para ganhar amanhã. De qualquer modo, é importante desenvolver todas essas competências, que fazem a diferença na formação do cidadão contemporâneo. Ser bem-educado e sintonizado com seu tempo é saber fazer boas escolhas em qualquer circunstância.

É disso que trata este livro: de como a educação financeira pode nos tornar consumidores conscientes e cidadãos mais críticos, capazes de promover a riqueza pessoal e coletiva para o bem de cada um e da nossa sociedade.

A história do dinheiro

Dinheiro não nasce em árvores

Acordar e lavar o rosto. Vestir a roupa e tomar o café da manhã. Ir para a escola. Comprar o lanche na cantina. Almoçar. Tomar banho. Jantar. Essa é a descrição de um dia comum na vida de muitos de nós. Você sabe quanto custa um dia como esse? Você já parou para pensar que cada uma dessas ações tem um valor e custa dinheiro?

Seja na hora de comprar os itens básicos que garantem a sobrevivência, seja na hora de comprar aquele celular novo que você nem precisa muito, mas deseja demais, o dinheiro é fundamental e tem feito parte da vida de todos ao longo da história da humanidade.

E dinheiro, como sabemos, não nasce em árvores. Então, de onde será que ele vem?

Educação financeira | A história do dinheiro

De onde vem o dinheiro

O dinheiro foi inventado pelo homem para facilitar a forma de obter tudo o que é necessário para viver. No começo, as coisas de que os homens precisavam para sobreviver eram simples e básicas, mas com a sofisticação dos modos de vida, cada vez é preciso mais e mais dinheiro para comprar mais e mais coisas...

Olha só como tudo começou...

Troca-troca

No início da história da humanidade não havia dinheiro como o que conhecemos hoje. As necessidades eram satisfeitas pelo sistema de troca direta, também conhecido por escambo, isto é, a troca de bens e serviços por bens e serviços de igual importância.

O que determinava o valor das mercadorias era a necessidade que se tinha delas. Por exemplo: se um pastor de ovelhas produzisse mais meadas de lã do que precisasse para enfrentar o inverno e um agricultor vizinho tivesse colhido mais trigo do que o necessário para alimentar seu grupo, poderia haver uma troca de lã por trigo entre eles. Assim, o pastor conseguiria o trigo para fazer pão e o agricultor teria a lã para tecer roupas e se agasalhar.

Entenda que nesse tipo de troca comprar e vender são ações associadas, isto é, dependentes uma da outra. Só se podia adquirir um produto oferecendo outro em troca. Observe também que a troca é de igual importância e não de igual valor monetário, porque sem o dinheiro fica difícil saber o preço de cada produto, não é mesmo?

As trocas diretas nunca deixaram de existir e ainda hoje acontecem com outros objetivos e interesses. Há vários *websites* que oferecem troca de produtos e serviços. Com a agilidade das redes sociais, esse troca-troca pode ser uma boa opção na hora de economizar dinheiro.

Anote alguns endereços e confira o que vale a pena ser trocado:

- www.trocatrocabrasil.com.br
- www.trocasonline.com
- www.facebook.com/TrocakiBR

(Acesso em: 13 jul. 2016.)

Você sabia que a origem da palavra SALÁRIO vem do valor em quantidade de SAL que os soldados romanos recebiam como pagamento pelos serviços prestados ao Império Romano?

Pois é, como o sal era considerado uma mercadoria valiosa, ele era utilizado como moeda, podendo ser trocado por serviços, alimentos ou vestimentas.

PARA ENTENDER MELHOR

Na época do descobrimento do Brasil, os portugueses praticavam o escambo com os indígenas brasileiros: em troca de trabalho braçal e de riquezas existentes aqui, os portugueses ofereciam diversos utensílios e muita quinquilharia, ou seja, objetos sem muito valor, pelo menos para o modo de vida dos indígenas daquele tempo.

Educação financeira | A história do dinheiro

Cara ou coroa

Hoje carregamos nosso dinheiro na carteira. Imagine como era carregar as mercadorias nas costas, percorrendo longas distâncias e correndo o risco de não sair satisfeito com a compra feita, ops, com a troca feita!

Pois é, à medida que as sociedades humanas foram se desenvolvendo, a troca baseada em mercadorias foi se tornando insatisfatória, não só por causa da dificuldade de definir o valor de cada item, mas também porque era trabalhoso transportar alguns produtos até os locais onde acontecia a negociação. Além disso, algumas mercadorias eram perecíveis, como os peixes, pois em pouco tempo de circulação já chegavam ao seu destino sem valer coisa alguma.

Com a evolução do comércio e o domínio da fundição de metais, o ouro, a prata e o cobre foram utilizados na fabricação de moedas que passaram a ser consideradas um meio de troca.

A primeira moeda cunhada em Roma foi em 268 a.C. e se chamava *denário* – termo que originou a palavra dinheiro. O *denário* era feito em prata e servia como base do sistema de moedas (monetário) de Roma. Ele também era fabricado no templo dedicado à deusa *Juno Moneta*, que deu origem às palavras "moeda" e "monetário".

Fonte: http://www.canalkids.com.br/bankids/lidia.htm. (Acesso em: 13 jul. 2016)

Além de serem metais valiosos, o ouro, a prata e o cobre são flexíveis, isto é, derretem sob o calor do fogo, podendo ser moldados e divididos em pequenas porções fundidas – as moedas, mais fáceis de se carregar e aceitas por todas as pessoas como meio de troca, ou seja, dinheiro.

Numismática é o nome da ciência que estuda as moedas.

Você sabia que as pesquisas arqueológicas revelaram que as moedas surgiram, aproximadamente, no ano 2.500 a.C.? Isso significa que já se usava dinheiro desde a época das pirâmides e dos faraós. As pesquisas indicam também que as primeiras moedas surgiram no século VII a.C., em Lídia, onde hoje fica a Turquia. Os lídios inventaram a moeda moderna, com pesos, tamanhos e valores diferentes. Assim, o homem começou a dividir e pesar o metal na hora de fechar um negócio e pagar por uma mercadoria.

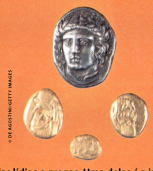

Moedas lídias e gregas. Uma delas é a imagem de Creso, último rei de Lídia.

Moedas da época dos faraós trazem o nome e a imagem do José bíblico.

Moedas do Egito antigo.

Alimentos também já fizeram o papel do dinheiro: bastava que fossem considerados valiosos e lá estavam eles servindo de moeda de troca. Sementes de cacau eram usadas no México (pelos povos astecas, habitantes daquela região no século XII); arroz no Japão; amêndoas na Índia; renas na Sibéria; e sal na China.

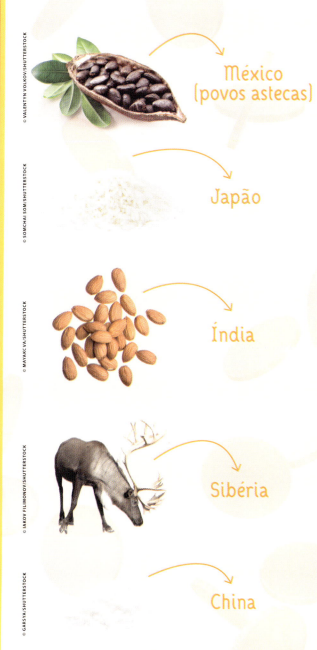

Educação financeira | A história do dinheiro

Papel-moeda e a história dos bancos

Com o desenvolvimento do comércio e o aumento da circulação de moedas, surgiu a necessidade de guardá-las em um lugar mais seguro, a salvo de assaltos e saques. Os negociantes de ouro e prata, por terem cofres e vigias para fazer a segurança do local onde armazenavam seus metais preciosos, passaram a aceitar a responsabilidade de cuidar do dinheiro de seus clientes e dar a eles recibos que registravam as quantias guardadas. As pessoas começaram, com o tempo, a usar esses recibos como forma de pagamento, porque assim corriam menos riscos do que circular com dinheiro vivo no bolso. Surgiram então as primeiras cédulas de papel, chamadas de papel-moeda ou cédulas de banco.

Assista ao vídeo que conta a história dos bancos:

http://ow.ly/htxX302fLB5
(português falado em Portugal)

(Acesso em: 13 jul. 2016)

A palavra *bank* (em inglês) veio da expressão italiana *banca* (mesa), em referência às mesas de madeira que os comerciantes que chegavam da Itália usavam como apoio para fazer seus negócios no mercado público de Londres.

Fonte: Livro *Casa da Moeda do Brasil*: 290 anos de história, 1694/1984.

Hoje em dia, a maior parte do dinheiro que existe no mundo está guardada em bancos. Afinal, eles continuam sendo o lugar mais seguro para se guardar não só dinheiro, mas também joias ou outros objetos valiosos. Mas fique alerta para as taxas e serviços que são cobrados quando abrimos uma conta bancária!

Os cofres onde eram guardadas as moedas deram origem aos bancos.

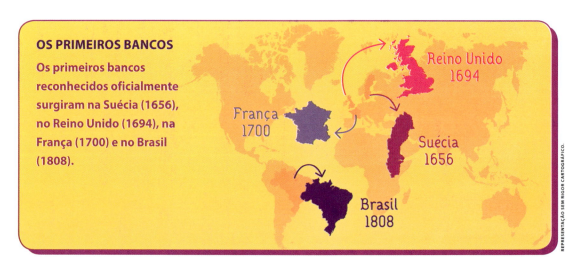

OS PRIMEIROS BANCOS

Os primeiros bancos reconhecidos oficialmente surgiram na Suécia (1656), no Reino Unido (1694), na França (1700) e no Brasil (1808).

Reino Unido 1694
França 1700
Suécia 1656
Brasil 1808

REPRESENTAÇÃO SEM RIGOR CARTOGRÁFICO.

Como funcionam os bancos?

A maioria dos bancos cobra uma taxa para abrir e manter uma conta bancária – principalmente se o montante que você vai depositar não atingir o valor que eles definem como ideal para dispensar a cobrança de taxas. Somente alguns poucos não seguem esse padrão.

Por isso, é bom sempre verificar e comparar as taxas cobradas e os serviços que estão inclusos em cada "cesta" de produtos que eles oferecem.

Saiba também que alguns bancos cobram por talões de cheques, extratos da conta e demais serviços. Isso significa que, mesmo se você não estiver sacando nada da sua conta, o seu saldo irá diminuir mensalmente, pois eles deduzem esses custos do total que você tem.

Na cidade de Abu Dhabi, nos Emirados Árabes Unidos, existe um tipo de caixa eletrônico bem diferente do que estamos acostumados a ver por aqui: em vez de dinheiro, essas máquinas permitem sacar barras de ouro de 24 quilates.

Dinheiro de plástico

O cartão de crédito ou dinheiro de plástico significou mais um avanço na história do dinheiro. Com o mesmo cartão você pode fazer compras em muitas e diferentes lojas ao redor do mundo. Um sistema interligado eletronicamente permite o cruzamento de informações e a cobrança da sua compra, seja lá onde você estiver e o que quer que tenha decidido comprar.

Fique esperto! Quando chegar a hora de usar cartão de crédito, lembre-se de que o fato de não pagar com dinheiro vivo pode te jogar na armadilha de não perceber o quanto está gastando. Pode demorar, mas a conta do cartão de crédito sempre chega; portanto, lembre-se de que é importante aprender a usá-lo com responsabilidade e desde muito cedo!

Você sabia que o conceito de cartão de crédito surgiu antes da Primeira Guerra Mundial (1914-1918), mas que o primeiro modelo só foi lançado em 1951? Um banco em Nova York criou um cartão só para clientes com crédito aprovado – isto é, a turma que era boa pagadora e tinha muito dinheiro depositado naquele banco – para que eles pudessem efetuar suas compras. Os donos das lojas só precisavam anotar os dados do cartão e ligar para o banco para liberar a transação. De lá para cá, o cartão de crédito se tornou o meio mais moderno, seguro e prático de pagamento.

O cartão de crédito não tem a mesma função que o cartão de débito. Preste atenção na diferença e veja como é fácil a gente se enganar: o cartão de débito é parte da sua conta e, quando você compra algo, o valor pago é descontado imediatamente da sua conta. Já o cartão de crédito é uma extensão da sua conta: você pode não ter o dinheiro naquele momento da compra, mas o banco antecipa para você, e em 30/40 dias envia uma fatura para ser paga com todos os gastos feitos no crédito naquele período. Cuidado ao parcelar o pagamento dessa fatura: podem recair juros muito altos, tornando a sua dívida cada vez maior.

Dinheiro virtual – bitcoin

Você já ouviu falar em bitcoin? As moedas virtuais criadas em 2009 valem dinheiro e têm sido consideradas um grande investimento para muitas pessoas.

Há em circulação na internet bilhões em bitcoin (BTC), ou seja, há pessoas dispostas a trocar um produto ou serviço por bitcoins. A grande diferença entre essa moeda e o dólar ou o real, por exemplo, é que não há um dono do sistema, isto é, nenhuma instituição financeira, nenhum banco ou órgão governamental regulamenta as transações de compra e venda feitas com bitcoins, o que permite transferências praticamente instantâneas de BTC para qualquer lugar do mundo e, o melhor, sem pagar nenhuma taxa!

PARA ENTENDER MELHOR

MINERAÇÃO VIRTUAL

Para gerar bitcoin é necessário se cadastrar no *site* www.bitcoin.org. O usuário baixa um programa de compartilhamento de arquivos para receber uma identificação e, a partir daí, começa o processo de geração das moedas, apelidado de "mineração".

Saiba mais nos *sites*:

- http://ow.ly/tr4B301mu7c.
  http://ow.ly/vh5z301muDF.

(Acessos em: 13 jul. 2016.)

Educação financeira | A história do dinheiro 17

História da evolução do dinheiro

ESCAMBO
No início, só se podia ter um produto oferecendo outro em troca.

1

MOEDA- -MERCADORIA
Mercadorias valiosas, como o sal, eram usadas para pagar por serviços prestados.

2

METAL
Com o domínio da fundição de metais, surgiram as moedas.

3

PAPEL-MOEDA

Os bancos emitiam recibos para quem guardava dinheiro em seus cofres.

4

5

DINHEIRO
(CÉDULA MONETÁRIA)

Os recibos bancários transformaram-se em dinheiro de papel.

6

CARTÃO DE CRÉDITO E DE DÉBITO

O cartão é hoje o meio mais prático e seguro de pagamento.

BITCOIN – MOEDA VIRTUAL

O dinheiro nas telas dos computadores.

7

Educação financeira | A história do dinheiro

O dinheiro na vida dos jovens

Sua majestade, o dinheiro

Você acha que este é um assunto que tem a ver apenas com os pais ou adultos da família? Com certeza, não.

Assim como não é possível imaginar alguém em pleno século XXI sem saber usar computador e internet, também é fundamental hoje em dia que se aprenda a lidar com o dinheiro. Além de ser necessário ter conhecimento de como funciona o mundo das finanças, o jovem contemporâneo tem influência no meio em que vive, então é preciso informar-se para poder influenciar!

Educação financeira | O dinheiro na vida dos jovens

As muitas faces do dinheiro

Apelidado de diversas maneiras – grana, dim-dim, bufunfa, cacau, barão, "faz-me rir" –, o dinheiro é amado, odiado, desejado, poderoso, perigoso... motivo de grandes dramas na história e na vida das pessoas, às vezes pelo excesso, às vezes pela falta.

Está presente em tudo o que fazemos ou pensamos em fazer. É símbolo de *status*, de poder, de possibilidades diversas, e faz parte até do nosso mapa astral, de tanto que tem o poder de mudar nosso destino! Nos horóscopos vemos previsões de amor, trabalho, saúde e finanças, lado a lado, com o mesmo peso e valor.

LEÃO

No dia 8, é a vez de Vênus começar sua caminhada através de Virgem e se unir a Marte e a Júpiter, aumentando ainda mais as oportunidades de ganhos. Se puder, procure até jogar na loteria, pois os deuses estarão a seu favor. Tome cuidado apenas para não gastar mais do que o necessário, pois você estará mais impulsivo e apaixonado por tudo o que é belo e traz bem-estar a você. Aproveite este momento para economizar e acumular o seu dinheiro, ao invés de gastá-lo em coisas desnecessárias.

LIBRA

No dia 23, o Sol começa sua caminhada anual através de Escorpião movimentando suas finanças e investimentos. A fase é ótima para começar projetos que envolvam o aumento de seus rendimentos. Durante as próximas quatro semanas, você estará totalmente voltado para aquisições materiais.

PEIXES

O Universo lhe mostrará alguns sinais relacionados ao caminho que deve seguir para a criação de novas bases e estruturas em sua vida material; portanto, esteja aberto para percebê-las. Você pode receber um convite para participar de um novo projeto que envolva o aumento de seus rendimentos ou, se for colaborador de uma empresa, pode receber uma promoção ou um convite para participar de uma nova equipe de trabalho. De uma maneira ou de outra, o dinheiro será seu foco nos próximos seis meses. Não deixe de jogar na loteria.

Fonte: Eunice Ferreira, astróloga empresarial.

Você sabia que a palavra dinheiro aparece 140 vezes na Bíblia, especificamente na versão autorizada pelo Rei Jaime I, da Inglaterra? O soberano liberou a tradução da Bíblia do latim para o inglês no início do século XVII (1611) – antes disso só a versão em latim era considerada de uso legal e oficial. A Bíblia do rei Jaime adquiriu fama rapidamente e tornou-se a obra mais publicada da língua inglesa.

Se considerarmos as palavras "ouro", "prata", "riqueza", "ricos", "herança", "dívida", "pobreza" e tópicos relacionados, verifica-se que a Bíblia dedica muita atenção a questões financeiras – mais do que a qualquer outro assunto.

PARA ENTENDER MELHOR

A obra *Dinheiro – história, mitos e crenças: o sentido e significado dos valores* é o primeiro livro independente de Clene Salles, publicado em 2014 pela Editora Júlio de Andrade Filho.

O livro traz informações úteis, abordando histórias, curiosidades e fatos que mostram que o dinheiro é muito mais do que se imagina.

Veja mais informações sobre o livro e a autora:

- https://www.facebook.com/dinheirohistoriamitoscrencas
- http://ow.ly/tMRP302dDHS

(Acesso em: 13 jul. 2016)

23

Para que serve o dinheiro?

Se você respondeu "para gastar", está parcialmente certo. Para lidar com o dinheiro e fazer com que ele trabalhe para você é preciso mais do que simplesmente gastá-lo. É importante saber poupar, investir e criar riquezas.

Fazer a gestão e estabelecer uma forma de cuidar do dinheiro exige saber planejar a maneira como ganhar, investir, gastar, poupar ou doar. E estes são assuntos fundamentais para a formação de qualquer cidadão nos dias de hoje.

Apenas 8% de todo o dinheiro em circulação no mundo se encontra na forma física, ou seja, no formato de cédulas e moedas. Todo o resto existe apenas nos computadores dos bancos. Em outras palavras, podemos dizer que grande parte do dinheiro não circula de verdade, isto é, não existe concretamente como moeda ou papel físico. Os ganhos que aparecem impressos nos extratos bancários de cada investidor são resultados de cálculos e projeções matemáticas. Para você ter uma ideia do que isso significa, imagine se de repente todas as pessoas quisessem retirar seu dinheiro dos bancos e das aplicações financeiras ao mesmo tempo. Sabe o que aconteceria? Não teria dinheiro para todos os que investiram e depositaram no sistema bancário e financeiro. E aí, bem... aí haveria um grande colapso que nem é bom imaginar...

O som do dinheiro

Como os perfumes, as músicas são boas formas de ativar a memória e nos trazer lembranças que, como num passe de mágica, nos levam para longe e são capazes de nos deixar alegres ou tristes. Será que música funciona também para nos alertar sobre o poder do dinheiro na vida das pessoas? Veja e ouça o que dizem algumas delas:

Tim Maia (1942-1998), ou Sebastião Rodrigues Maia, nasceu no Rio de Janeiro e foi cantor, compositor, maestro, produtor musical e empresário, responsável pela introdução do estilo *soul* na música popular brasileira, reconhecido mundialmente como um dos maiores ícones do cenário musical. Nessa canção, Tim Maia fala da incompatibilidade entre amor e dinheiro.

Não quero dinheiro, só quero amar

Vou pedir pra você voltar
Vou pedir pra você ficar
Eu te amo
Eu te quero bem
Vou pedir pra você gostar
Vou pedir pra você me amar
Eu te amo
Eu te adoro, meu amor
A semana inteira
Fiquei esperando
Pra te ver sorrindo
Pra te ver cantando
Quando a gente ama
Não pensa em dinheiro
Só se quer amar
Se quer amar
Se quer amar
De jeito maneira
Não quero dinheiro
Eu quero amor sincero
Isto é que eu espero
Grito ao mundo inteiro
Não quero dinheiro
Eu só quero amar! :)

Tim Maia

Paulo César Batista de Faria, mais conhecido como **Paulinho da Viola**, nasceu no Rio de Janeiro em 1942. Cantor e sambista da maior importância, também é compositor e violonista.

Paulinho da Viola, na letra da canção *Pecado Capital* – que também foi tema de uma telenovela de mesmo nome que fez muito sucesso nos anos 70 na rede Globo –, diz que "dinheiro na mão é vendaval". Essa expressão é ainda muito falada hoje em dia para lembrar que não devemos ser gastões, pois o dinheiro pode acabar rapidinho.

Educação financeira | O dinheiro na vida dos jovens

Que músicas têm a ver com o seu comportamento como consumidor? Antes de responder a essa pergunta é preciso saber que tipo de consumidor você é.

TESTE
Qual é o seu perfil de consumidor?

Anote numa folha as alternativas que mais descrevem o seu comportamento e descubra o tipo de consumidor que você é.

Consumo é o ato de comprar e de se utilizar do que compra.

Consumismo é o ato de comprar sem ter necessidade ou consciência.

Consumo consciente é comprar e usar de modo responsável e consciente.

Veja abaixo com qual perfil de consumidor você mais se identifica. Não vale mentir para você mesmo.

TIPO 1

- Você não resiste ao impulso de comprar o que deseja e sai comprando mesmo sem precisar?
- Seu quarto está cheio de coisas que você nem se lembra que tinha?
- Você não se preocupa com o dinheiro, pois sabe que ele vem de algum lugar sempre que precisar?
- É muito difícil para você fazer alguma reserva de dinheiro?

TIPO 2

- Você é daqueles que nunca abre a carteira para nada?
- Acha ruim quando tem que dividir os gastos com o grupo de amigos e acha melhor cada um pagar somente o que consumiu?
- Você nunca compra nem mesmo o que precisa, pois acha um desperdício gastar?
- Você guarda tudo o que ganha?

TIPO 3

- Você sabe distinguir desejo de necessidade e sabe a diferença entre ser consumidor e ser consumista?
- Sabe planejar seus gastos e poupa dinheiro para poder comprar à vista aquilo que deseja ou precisa?
- Organiza suas finanças e sabe o quanto pode gastar para se manter dentro do orçamento?
- Você é daqueles que raramente pede dinheiro emprestado?

RESPOSTAS

Se a maioria das alternativas que assinalou pertence ao Tipo 1, você é um consumidor inveterado, o que significa dizer que é um **gastador consumista**.

Se você se identificou mais com o comportamento do Tipo 2, você na verdade é um **pão-duro**!

Mas se você selecionou a maioria dos comportamentos do Tipo 3, significa que você é um **cidadão e um consumidor equilibrado**.

Todo mundo sabe que ser pão-duro significa dizer que a pessoa é avarenta, que não gosta de gastar com nada. Mas você sabe a origem dessa expressão?

Conta-se que no século XX havia um mendigo no Rio de Janeiro que vivia pedindo qualquer coisa para comer, mesmo que fosse um pão duro. Quando ele morreu, as pessoas que o ajudavam descobriram que ele não era um homem pobre, pois tinha muito dinheiro e imóveis. Ou seja, ele deixava de usufruir da própria riqueza para pedir esmola. E assim nasceu a expressão pão-duro, para aquelas pessoas que não conseguem gastar o que têm com nada.

Fonte: *A Casa da Mãe Joana*, de Reinaldo Pimenta. Rio de Janeiro: Elsevier/Gen, 2002.

Seja qual for o seu perfil, saiba que você sempre poderá aprender mais e melhor sobre como **ganhar, gastar, poupar/investir** e **doar**.

Educação financeira | O dinheiro na vida dos jovens | 27

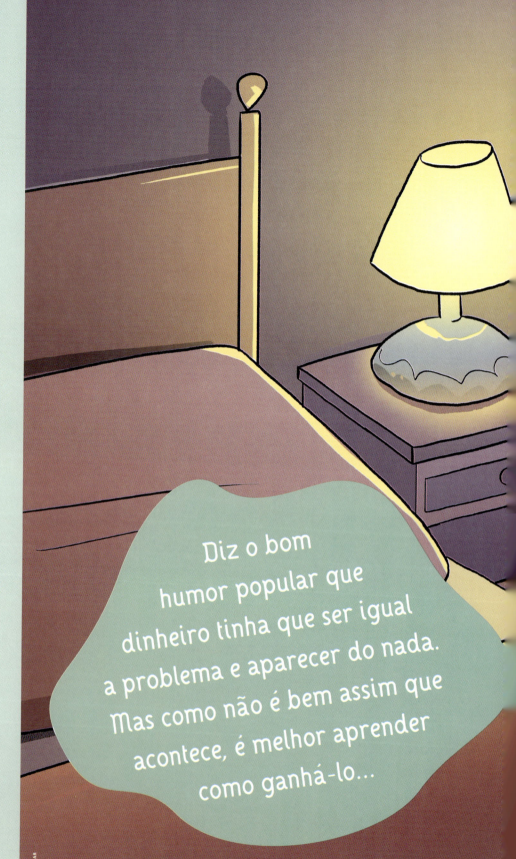

Como ganhar dinheiro?

Diz o bom humor popular que dinheiro tinha que ser igual a problema e aparecer do nada. Mas como não é bem assim que acontece, é melhor aprender como ganhá-lo...

Educação financeira | Como ganhar dinheiro?

Estudo e trabalho

Segundo o Cadastro Central de Empresas (CEMPRE), que apresenta informações referentes ao sexo e ao nível de escolaridade das pessoas assalariadas, em 2009 a desigualdade salarial era muito maior entre os trabalhadores sem nível superior do que entre aqueles que possuíam o superior completo: os que concluíram uma faculdade recebiam salário 225% maior.

A partir desses dados, vemos que os estudos fazem uma grande diferença na hora de achar um emprego e conseguir um bom ganho.

Fonte: IBGE – Instituto Brasileiro de Geografia e Estatística.

Pessoas na fila em busca de um emprego em São Paulo.

Na moral: o que as histórias contam

A fábula – uma das mais antigas formas de narrativa – é uma pequena história que transmite lições de moral cujos personagens são animais que representam tipos e comportamentos humanos. Reproduzindo situações que colocam os personagens diante de dilemas e dúvidas, a fábula pretende nos ensinar quais atitudes são as mais certas e adequadas.

Muitos escritores dedicaram-se às fábulas, mas três deles ficaram mundialmente famosos: o grego Esopo (século VI a.C.), o romano Fedro (15 a.C.-50 d.C.) e o francês Jean de La Fontaine (1621-1695).

No Brasil, Monteiro Lobato, o célebre autor de *Sítio do Picapau Amarelo*, recriou e publicou muitas dessas fábulas. Mais tarde, Millôr Fernandes, escritor carioca, também reescreveu as antigas fábulas de Esopo e La Fontaine, de forma bem-humorada e crítica.

Conheça a seguir algumas versões da fábula *A Cigarra e a Formiga*, famosa por ilustrar as diferentes relações que as pessoas podem estabelecer com o trabalho e o prazer.

A Cigarra e a Formiga

A mais conhecida fábula que fala sobre o valor e os ganhos do trabalho é *A Cigarra e a Formiga*. Atribuída a Esopo e recontada por Jean de La Fontaine, narra a história de uma Cigarra que canta durante o verão, enquanto uma Formiga trabalha acumulando alimentos em seu formigueiro. No inverno, desamparada, a Cigarra vai pedir abrigo à Formiga. Esta pergunta o que a Cigarra fez durante todo o verão. "Eu cantei", responde ela. "Então, agora dance", rebate a Formiga, deixando-a do lado de fora.

Moral da história: *o trabalho é a garantia para o sustento e a independência.*

Leia agora a versão que inclui os gafanhotos na história.

A Cigarra, a Formiga e os Gafanhotos

Como na tradicional fábula *A Cigarra e a Formiga*, a questão entre as duas personagens se repete. Enquanto a Formiga trabalha, a Cigarra canta; enquanto uma tem reservas de alimento, a outra passa fome. Ocorre que dessa vez, durante o verão, uma nuvem de gafanhotos passou pelos campos e arrasou com a plantação, impedindo que a Formiga pudesse fazer suas reservas para quando o inverno chegasse.

Mas, chegado o inverno, qual não foi a surpresa da Formiga quando se encontrou com a Cigarra e a viu feliz da vida e com grande estoque de alimentos. Intrigada, perguntou como ela tinha conseguido cantar durante o verão e ainda por cima guardar alimentos em abundância. A Cigarra então respondeu: durante o verão eu cantava para que os Gafanhotos trabalhassem mais alegres e contentes. Em troca, eles me deram alimentos.

(Adaptação livre da fábula *A Cigarra e a Formiga* – autor desconhecido.)

Moral da história: *ao saber aproveitar as oportunidades e os nossos talentos, criamos novas possibilidades de emprego e trabalho.*

Para pensar

Tanto na fábula *A Cigarra e a Formiga* como na versão com os gafanhotos, a Cigarra canta. Você concorda que o talento dela pode ser considerado um trabalho? Você já pensou quais são os seus talentos, competências e habilidades e qual profissão gostaria de exercer? Talvez você possa começar a pensar no assunto lendo o livro *O que você vai ser quando você crescer?* (de Dinah Sales de Oliveira e Januária Cristina Alves. São Paulo: Moderna, 2012).

PARA ENTENDER MELHOR

Conheça a versão que Millôr Fernandes fez da clássica história *A Cigarra e a Formiga*:

- http://portaldoprofessor.mec.gov.br/fichaTecnicaAula.html?aula=8025

(Acesso em: 13 jul. 2016)

QUAL O MELHOR NEGÓCIO?

"Meus pais não tinham nada para investir nos meus estudos, mas resolveram que eu iria sair do trabalho no final do segundo ano do colegial, pra que eu fizesse o terceiro ano e estudasse em casa para o vestibular.

Não houve qualquer espécie de cobrança verbal, mas eu sentia no ar. O modo como meu pai, minha mãe e meu irmão me olhavam: ou passava... ou passava.

A expectativa se somando ao tédio. De repente eu me transformava na última esperança da terra naquele 'lar' desgraçado.

Apesar de tudo, largar o emprego me pareceu um bom negócio. Principalmente porque eu era um dos 30 ou 40 escravos da Bolsiplast. (...) eu tinha o maravilhoso cargo de auxiliar de controle da qualidade. Dito assim até parecia alguma coisa, mas consistia em ficar em pé o dia inteiro, tirando as sobras daquelas bolsas ridículas com estampa de flores (...) Mas ridículo mesmo era o salário... mínimo, como a alegria de viver daquelas pessoas."

BONASSI, Fernando. *O amor é uma dor feliz*. São Paulo: Moderna, 1997.

Depois de ler as diferentes versões da fábula *A Cigarra e a Formiga* e o trecho do livro *O amor é uma dor feliz*, que relação podemos estabelecer, por meio dessas histórias, entre estudo, trabalho e ganho de dinheiro?

34

Trabalho e emprego

Pierre Lévy, filósofo nascido na Tunísia em 1956 e muito famoso pela dedicação aos estudos das transformações que a internet trouxe para a sociedade atual e para o mundo do trabalho, diz: "Pela primeira vez na história da humanidade, a maior parte dos conhecimentos adquiridos por uma pessoa no começo de sua vida profissional será considerada inútil no fim de sua carreira. Mudou também a forma de se compreender o que é trabalho. Trabalhar equivale cada vez mais a aprender, transmitir saberes e produzir conhecimentos".

Trabalho, oportunidade ou sorte?

Você pode ficar rico com o fruto do seu trabalho ou porque teve uma excelente oportunidade na vida de se dar bem, ou, ainda, porque é muito sortudo mesmo e tudo acontece de graça e cai no seu colo sem nenhum esforço... Será? Dizem os especialistas que raramente esses ingredientes separados trazem riqueza, mas a soma dos três, isto é, estudar para ter um bom trabalho, saber aproveitar as oportunidades e ter alguma sorte é, sem dúvida, a fórmula do sucesso.

Você sabia que trabalho e emprego, embora sejam usados como sinônimos, são conceitos diferentes?
Para começar, trabalho é mais antigo que emprego. Trabalhar é toda ação do homem sobre a natureza. Transformar um pedaço de madeira em mesa ou cadeira é a origem do conceito de trabalho. Já emprego é uma ideia mais recente, dos tempos da Revolução Industrial, e tem a ver com os vínculos que se estabelecem entre empregador e empregado, que em troca de uma remuneração ou salário oferece seus serviços ou mão de obra.

Educação financeira | Como ganhar dinheiro? 35

Como gastar dinheiro?

De quanto dinheiro você precisa para viver?

Todos nós precisamos de dinheiro para viver. É praticamente impossível, pelo menos para a maioria das pessoas, viver sem ele. Mas você sabe realmente de quanto precisa para viver?

Segundo levantamento mundial feito em 2010 pelo Instituto de Pesquisas Ipsos, 65% das pessoas ao redor do mundo acham que dinheiro é mais importante hoje do que foi no passado.

Entre os brasileiros, o índice sobe para 70%, e entre os coreanos, chineses e japoneses, para 85%. A pesquisa revela ainda uma minoria nada desprezível de 48% dos brasileiros que acreditam que o dinheiro é o maior sinal de sucesso.

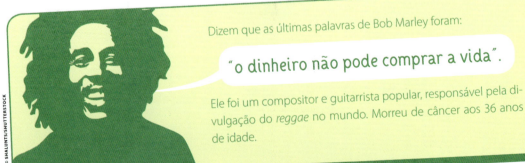

Dizem que as últimas palavras de Bob Marley foram:

"o dinheiro não pode comprar a vida".

Ele foi um compositor e guitarrista popular, responsável pela divulgação do *reggae* no mundo. Morreu de câncer aos 36 anos de idade.

O outro lado da moeda...

O economista inglês Mark Boyle, autor de *The moneyless manifesto* (*O homem sem grana*. Rio de Janeiro: Editora BestSeller, 2012), resolveu viver um ano sem dinheiro. Cansado do "destrutivo sistema capitalista", ele se desfez de todos os seus bens e passou a viver em um *trailer*, se alimentando do que encontrava na mata e tomando banho com sabonete feito por ele com cartilagem de peixe e sementes de erva-doce. Boyle é uma curiosa exceção em uma sociedade que acredita que o dinheiro é mais importante hoje do que foi no passado.

Outro caso parecido foi o da alemã Heidemarie Schwermer. Ela doou tudo o que tinha e vive há 18 anos praticamente sem dinheiro. A história dela foi relatada no documentário *Living without money* ("Vivendo sem dinheiro", em português).

Para conhecer mais sobre a história de Mark Boyle (em inglês): http://www.moneylessmanifesto.org/
(Acesso em: 13 jul. 2016)

Para saber mais sobre Heidemarie Schwermer: http://ow.ly/8ZAB301myxU
(Acesso em: 13 jul. 2016)

Também vale ler a matéria *Quem são e como fazem as pessoas que vivem sem dinheiro*, que conta as histórias de Mark e de Heidemarie, entre outras, no *site*: http://ow.ly/TmXZ302fMu9
(Acesso em: 13 jul. 2016)

Educação financeira | Como gastar dinheiro?

Tempo é dinheiro

Certamente você já ouviu dizer que "tempo é dinheiro". Pois não é que em Portugal existe há 13 anos o Banco do Tempo? Com várias agências funcionando pelo país (a da foto fica em Santa Maria da Feira), essa instituição troca serviços entre voluntários. Apesar de também trabalhar com cheques, saldo, débito e movimento de conta, o Banco do Tempo não está preocupado com os lucros. Seu objetivo é a felicidade das pessoas. Troca-se tempo por tempo e todas as horas têm o mesmo valor, independentemente do serviço trocado. Saiba mais: http://www.bancodetempo.net/pt

(Acesso em: 13 jul. 2016)

O que o dinheiro pode ou não fazer por você?

✓ Fazer você se sentir mais seguro em relação às suas necessidades básicas (alimentação, casa etc).

✗ Fazer você se sentir saudável.

✗ Ajudar você a ter bons amigos(as).

✓ Ajudar você a ter um modo de vida mais confortável.

✓ Tornar você invejado pelo que tem.

✗ Deixar você alegre ou triste.

Educação financeira | Como gastar dinheiro? 41

Atenção! Este ícone significa que estamos tratando de um tema que pode interessar à sua família. Experimente levar a questão para discutir com todos em casa.

A pirâmide da necessidade e do desejo

Veja e discuta com sua família como distinguir o que é realmente necessário para viver:

NÍVEL 5 — luxo: Viagens frequentes e mais distantes, objetos de desejo, como barco, investimentos diversificados.

NÍVEL 4 — pensando no futuro: Equipamentos digitais de última geração, investimento financeiro, cursos fora do país.

NÍVEL 3 — satisfação social: Seguro de vida, previdência privada, viagens, cursos de língua estrangeira.

NÍVEL 2 — inclusão social: Casa própria, carro, seguro do carro, seguro-saúde, computador, smartphone.

NÍVEL 1 — direitos fundamentais: Todos nós precisamos de dinheiro para pagar as coisas básicas e fundamentais da vida, como alimentação, roupas, aluguel, contas de luz, água, telefone.

Onde fica o seu limite?

Agora, observe a pirâmide que construímos inspirada na hierarquia de necessidades de Maslow (psicólogo americano) e responda sinceramente: Onde você traçaria seu marco de necessidade de dinheiro? Qual o nível suficiente para que você e sua família se sintam satisfeitos e tranquilos?

Se ficou em dúvida, vamos seguir pensando...

Como comprar, eis a questão!

Planejar é a palavra-chave e a atitude fundamental para comprar e gastar sem colocar em risco a sua saúde financeira.

Ser educado financeiramente nada mais é do que um conjunto de boas práticas em relação ao dinheiro na hora de ganhar, gastar, poupar/investir e doar. Por sua vez, saber planejar como você fará uso do dinheiro em cada uma dessas situações é a ferramenta estratégica para uma vida financeira saudável e equilibrada.

Educação financeira | Como gastar dinheiro? 43

Planejar para gastar

O mundo está cheio de ofertas interessantes e de muitas coisas legais para fazer e comprar. Poderíamos preencher listas infindáveis de coisas que precisamos ou simplesmente desejamos ter ou fazer. Mas nem se tivéssemos todo o dinheiro do mundo poderíamos comprar tudo o que existe ou mesmo ter tempo para usar e desfrutar do que teríamos adquirido, concorda?

Portanto, independentemente do seu perfil de consumidor ou de quanto dinheiro você tem, planejar seus gastos é a primeira e mais importante decisão a tomar:

1º passo

O QUE VOCÊ QUER, PRECISA OU DESEJA?

Definir a sua meta é o primeiro passo rumo ao planejamento financeiro. Por exemplo, se você quer comprar uma bicicleta nova e cheia de recursos que custa **R$ 950,00**, fazer um planejamento financeiro vai ajudá-lo a atingir seu objetivo.

2º passo

QUANTO DINHEIRO VOCÊ JÁ TEM?

Abra o cofrinho, levante o saldo da poupança, calcule o valor das mesadas que você ainda tem a receber nos próximos três meses e verifique qual o montante de dinheiro de que você dispõe. Somando tudo: **cofrinho = R$ 55,75 + poupança = 136,50 + mesada (próximos três meses) = 180,00**.

"AQUELE QUE NÃO LUTA PELO FUTURO QUE QUER, DEVE ACEITAR O FUTURO QUE VIER".

3º passo

FAZENDO MAIS DINHEIRO

Você já tem **R$ 372,25**, mas a bicicleta custa **R$ 950,00**. Ainda faltam, então, **R$ 577,75**. O que fazer? A resposta é simples. Primeiro, faça uma lista com outras formas de ganhar dinheiro – aceitar alguns bicos, buscar vagas de vendedor temporário, vender coisas que não usa mais, organizar uma espécie de brechó, preparar uma rifa, vender bolo na escola etc.

Depois, monte uma planilha e calcule quanto tempo será necessário para você ter sua *bike* nova.

Cofrinho = R$ 55,75

Poupança = R$ 136,50

Mesada = R$ 180,00

Outros = R$ 577,75

Pronto! Planejando com clareza e objetividade você saberá quais os passos a dar e caminhos a percorrer para realizar o seu desejo, sem se atormentar demais por isso e sem deixar seus pais endividados.

Educação financeira | Como gastar dinheiro? | 45

Regras que valem ouro 1

- Sempre que puder, compre à vista. Se for necessário, adie um pouquinho o seu desejo e junte dinheiro para pagar tudo de uma só vez. Em dinheiro e à vista, as chances de poder barganhar e negociar um preço melhor são bem maiores do que comprar a prazo ou no cartão de crédito.

- Se for um produto mais caro e a sua necessidade ou a de sua família for urgente, preste atenção à forma de financiamento que vai combinar. Sempre pesquise e compare preços.

- Evite pedir empréstimos, pois os juros bancários crescem como bolas de neve.

Preste atenção no ditado popular: "Quem gasta o que tem, a pedir vem."

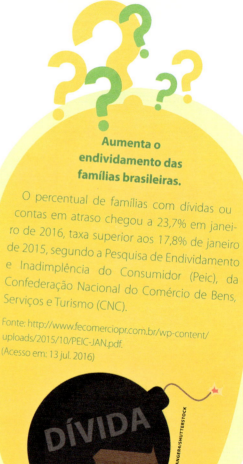

Aumenta o endividamento das famílias brasileiras.

O percentual de famílias com dívidas ou contas em atraso chegou a 23,7% em janeiro de 2016, taxa superior aos 17,8% de janeiro de 2015, segundo a Pesquisa de Endividamento e Inadimplência do Consumidor (Peic), da Confederação Nacional do Comércio de Bens, Serviços e Turismo (CNC).

Fonte: http://www.fecomerciopr.com.br/wp-content/uploads/2015/10/PEIC-JAN.pdf. (Acesso em: 13 jul. 2016)

Como planejar o gasto do dinheiro para não "quebrar o porquinho" antes da hora?

Muitas vezes chegamos ao final do mês sem dinheiro. Não sabemos como isso aconteceu porque esquecemos de pequenos gastos que fizemos com coisas que, às vezes, nem eram tão urgentes. Por isso é tão importante um bom planejamento.

Sustentabilidade pessoal e planetária

Ao comprar um produto, o que você leva em consideração? Além do preço, é importante saber qual é o processo envolvido na produção daquele artigo. O consumo consciente equilibra a satisfação pessoal e a sustentabilidade do planeta. Visite o *site* do Instituto Akatu e saiba mais sobre o consumo consciente e o seu papel de cidadão responsável: www.akatu.org.br.

(Acesso em: 16 jul. 2016)

Regras que valem ouro 2

- Nunca compre só porque está barato.
- Compre coisas que realmente necessite ou queira.
- Pense antes de comprar. Evite ser impulsivo: pesquise preços, compare, duvide e reflita sobre o que você precisa de fato.
- Cuidado com as armadilhas do tipo: "compre agora, pague depois", "leve 2 pelo preço de 1", "na compra do fogão modelo *top* de linha, leve um liquidificador grátis", "você foi especialmente selecionado para participar da promoção", "esta é uma oferta exclusiva, disponível só hoje e para clientes especiais como você!".

Educação financeira | Como gastar dinheiro?

VENDA CASADA É PROIBIDA

Saiba que uma instituição financeira não pode fazer venda casada, isto é, condicionar a contratação de um produto à venda de outro. Por exemplo, o banco não pode exigir que você aceite um cartão de crédito para abrir uma conta corrente.

Também não pode determinar que, não tendo conta naquele banco, você seja obrigado(a) a abrir uma para poder pedir um empréstimo.

E em caso de pedido de empréstimo em banco, você não é obrigado(a) a contratar seguro ou outro serviço, caso não deseje.

Uma pesquisa do Indicador de Educação Financeira 2014 (IndEF) revelou que "jovens brasileiros entre 16 e 24 anos são o grupo que menos tem controle sobre a vida financeira. O percentual dos que admitem não ter as finanças sob controle chega a 40%".

Segundo Júlio Leandro, superintendente do Serasa Consumidor, "a população desse perfil não costuma planejar suas finanças de maneira consciente". "Os jovens precisam evitar agir por impulso e adquirir o hábito de controlar melhor a vida financeira para que eles não sofram as consequências do superendividamento e da inadimplência", afirmou.

Como controlar a vida financeira?

O cuidado com as finanças é uma competência fundamental para a vida moderna. Quem não controla e não planeja como gastar o dinheiro age como se sua carteira fosse uma peneira, e o dinheiro, água...

Entrada maior que saída

Para manter suas finanças equilibradas é preciso saber que há uma regra simples e óbvia, mas que quase todo mundo, em algum momento da vida, esquece: a entrada de dinheiro SEMPRE tem que ser maior que a saída.

Sempre pode melhorar

Quando, por algum motivo, suas finanças começarem a se desestabilizar, isto é, a fórmula se inverter e a entrada de dinheiro for menor que os gastos, não desanime nem perca a iniciativa. Faça alguma coisa para sair dessa enrascada e se salvar.

Regras que valem ouro 3

- Passe a levar lanche para a escola no lugar de gastar na cantina.
- Economize condução indo a pé ou de *bike*.
- Reforme algumas roupas e sapatos em vez de comprar peças novas.
- Evite pedir empréstimos: bancos, empresas de cartões de crédito e outras instituições financeiras sempre querem emprestar dinheiro, porque é assim que obtêm lucro, e vão fazer de tudo para parecer que será vantajoso para você.

LEMBRE-SE SEMPRE DE LER OS CONTRATOS, MESMO QUE ELES TENHAM LETRAS BEM PEQUENININHAS. É AÍ QUE MORA O PERIGO!

Órgãos reguladores e de defesa do consumidor

Exerça seus direitos e denuncie abusos de preços e condições, venda casada, mal atendimento, descumprimento de contrato. Fale inicialmente com o SAC – Serviço de Atendimento ao Cliente – e anote o protocolo de atendimento. Em último caso, recorra ao órgão regulador do setor.

Antes de contratar qualquer serviço ou produto, consulte o *site* dos órgãos reguladores dos diversos setores:

- Banco Central (financeiro);
- Anatel (telecomunicações);
- ANS (Associação Nacional da Saúde).

Também consulte os órgãos de defesa do consumidor: Procon e Idec.

51

Como e por que poupar e investir?

Poupar pouco, mais ou menos ou muito? Depende do quanto você ganha e de quanto precisa para viver. Mas o importante é poupar sempre!

Para que isso seja possível, é fundamental fazer um bom planejamento financeiro, levando em conta seus projetos para o futuro.

Parece que...

Muitas pessoas vivem em um dilema: aproveitar a vida no presente ou poupar o dinheiro para garantir um futuro com segurança financeira? As duas coisas podem ser feitas, desde que as despesas fixas sejam baixas. Para isso, é necessário escolher o padrão de vida que se quer ter.
(Reveja a pirâmide na página 42 e pense).

"As pessoas dividem-se entre aquelas que poupam como se vivessem para sempre e aquelas que gastam como se fossem morrer amanhã."

A citação acima é atribuída a Aristóteles, filósofo grego (384 a.C.-322 a.C.). Suas ideias sobre a humanidade têm influências significativas na educação e no pensamento ocidental até os dias atuais.

Planos de riqueza

Hoje em dia é muito fácil ser seduzido pelo mundo das compras e se jogar de cabeça no consumismo. O risco mais comum é comprometer toda a mesada – e, às vezes, até o salário da família – antes mesmo de receber. E, por consequência, acabar com os planos de poupança e de construção de uma vida financeira estável.

Leia, ao lado, a história real do camelô Waldir Fernandes, publicada no jornal *O Dia*, e confira como podemos adiar as compras fazendo poupança.

Gol em moedas

Rio – Há quem diga que de grão em grão a galinha enche o papo. Disso, o camelô Waldir Fernandes, 33 anos, não tem a menor dúvida: em três anos e meio, o ambulante, que vende capas para telefones celulares, juntou R$ 24.590 em moedas e notas de R$ 1 e R$ 2 para comprar um Gol zerinho à vista. Eram tantos os trocados para contar, que três funcionários da tesouraria da concessionária levaram quase quatro horas para conferir a volumosa "fortuna".

"Demoraram tanto para contar o dinheiro que eu resolvi sair para dar uma volta e, quando retornei, uma hora e meia depois, levei até um susto: ainda não tinham acabado!", riu Waldir.

O camelô, que mora e trabalha em Campo Grande, comprou o carro na Fiorenza, em Parada de Lucas, e levou a "grana" em duas sacolas. "Coloquei todo o dinheiro em dois sacos escuros e peguei um ônibus. Ninguém ia imaginar que eu estava com tanto dinheiro. Quando eu cheguei à loja, nem acreditaram!", divertiu-se.

O gerente da Fiorenza, Roberto Lima, já viu diversas formas de pagamento, mas foi surpreendido pelas moedas. "Muita gente chega aqui com dinheiro vivo, em algum envelope, e até dentro do sapato, mas foi a primeira vez que vieram comprar um carro com dois sacões de moedas. Cheguei a pensar que poderia ser alguma implicância ou birra com a nossa loja", contou Roberto. O vendedor que atendeu Waldir, Leandro Mendes, trabalha na loja há seis anos e não acreditou: "No começo eu pensei que era brincadeira, só depois eu percebi que era verdade".

Mas o trabalho maior foi o de quem teve que contar todo o dinheiro. A funcionária do departamento financeiro, Adriana Rodrigues, foi uma das "vítimas" e admitiu que teve bastante

trabalho. "A maior parte era moeda. Se contar em notas de R$ 1 já dá muito trabalho, imagina quando também tem moedas", afirmou.

Para comprar um carro zerinho, vai ter muita gente querendo imitar o ambulante. Mas será preciso muita força de vontade para economizar: Waldir juntou cerca de R$ 20 por dia.

Parabéns Waldir! O exemplo do camelô Waldir é fantástico! Lembrando que se ele tivesse tido a mesma perseverança e disciplina, mas, ao invés de ficar guardando o dinheiro em casa, tivesse aplicado num investimento bem conservador como a Caderneta de Poupança ou o Tesouro Direto, ele teria atingido o mesmo objetivo, com menos riscos, e ainda sobraria dinheiro dos rendimentos para equipar o carrão novo e para colocar combustível por muito tempo. Mas, claro, não viraria notícia...

Fonte: Jornal *O Dia On-line*, 19 out. 2009.

Poupar por quê? Por que poupar?

"Na minha época...", diriam seus pais e avós, não se pensava muito em se preparar para a chegada da velhice. Mas o tempo passa e as pessoas mais velhas se deparam com algumas dificuldades para garantir o emprego e manter a mesma qualidade de vida.

Agora é com você! Olhe-se no espelho e se imagine idosa ou idoso. Em que situação financeira e padrão de vida você gostaria de se encontrar "lá na frente"? Já pensou nisso?

Como um jovem estudante você pode ter ótimos planos para o futuro. Entrar na faculdade, ser um(a) profissional realizado(a) e reconhecido(a), ganhar bem, construir uma família e, enfim, envelhecer com dignidade.

Certamente, não passa pela sua cabeça ser dependente dos seus pais a vida toda. Muito menos dos seus filhos, não é mesmo? Mas, então, o que você pode fazer hoje – sem deixar de aproveitar a sua vida no presente – que possa garantir um futuro tranquilo e seguro?

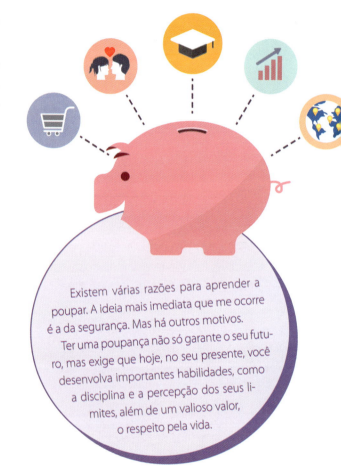

Existem várias razões para aprender a poupar. A ideia mais imediata que me ocorre é a da segurança. Mas há outros motivos. Ter uma poupança não só garante o seu futuro, mas exige que hoje, no seu presente, você desenvolva importantes habilidades, como a disciplina e a percepção dos seus limites, além de um valioso valor, o respeito pela vida.

10 dicas práticas para refletir e começar a poupar

Não há como fugir de uma conta muito básica e simples:

POUPANÇA = GASTAR MENOS DO QUE SE GANHA

Mesmo que hoje em dia seus ganhos não sejam altos, há estratégias e comportamentos que você pode aprender para conseguir equilibrar suas finanças. Vale pensar que você está desenvolvendo habilidades importantes que se refletirão para sempre na sua vida pessoal e profissional.

① QUANTO VOCÊ GANHA?

Leve em conta TUDO o que você recebe: mesada (ou salário) e presentes que costumam vir dentro de envelopinhos e que fazem a felicidade do seu aniversário ou Natal. Enfim, some todo esse dinheiro e saiba que o total dos seus ganhos se chama **ENTRADA**.

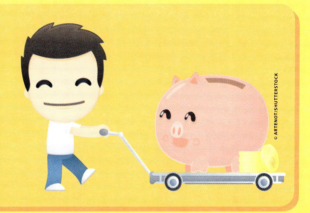

② QUANTO VOCÊ GASTA?

Registre TODOS os seus gastos, dos mais altos até aquele copinho de água que você tomou na rua porque bateu uma sede repentina. Esse é o primeiro passo para quem quer ter controle sobre suas contas. Guarde as notinhas ou registre em algum tipo de aplicativo próprio para isso (há muitos gratuitos e fáceis de usar). De qualquer forma, se preferir elaborar uma planilha de Excel, não se intimide, o importante é desenvolver o hábito de registrar tudo. O total de gastos se chama **DESPESA**.

Educação financeira | Como e por que poupar e investir?

③ QUAIS SÃO SUAS METAS?

Agora que você já sabe quanto dinheiro tem para passar o mês e quais são suas despesas mensais, é necessário fazer ajustes em função de metas. Fica bem fácil visualizar quanto do que você ganha está sendo gasto com o quê. Crie categorias de gastos, por exemplo:

SEJA REALISTA NA HORA DE DEFINIR O VALOR DA **ENTRADA** E PESSIMISTA AO DECIDIR O TOTAL DAS SUAS **DESPESAS**. OU SEJA, ARREDONDE OS GANHOS PARA MENOS E OS GASTOS PARA MAIS. O QUE SOBRAR É "LUCRO"!

58

4. VOCÊ FALA SOBRE DINHEIRO COM SUA FAMÍLIA?

O tema não pode ser um tabu. Trate a questão sempre com transparência e envolva seus pais e irmãos nos seus objetivos e metas. No caso de alguma dificuldade – por exemplo, um empréstimo que você pediu a um amigo ou mesmo ao seu irmão e agora não está conseguindo pagar –, compartilhe, pois sempre alguém poderá ajudá-lo(a) a resolver a situação.

Dinheiro não é "sujo" ou "limpo", ou seja, não é bom nem ruim em sua essência. Tudo depende de como nos relacionamos com a questão. Seja realista e aprenda a lidar com a situação de maneira objetiva: dever dinheiro a alguém não é algo vergonhoso, mas fingir que não está em dívida não é uma atitude correta.

5. VOCÊ TEM OU DESEJA TER UM CARTÃO DE CRÉDITO?

Cada vez mais há incentivos para que os jovens adquiram um cartão de crédito. A primeira viagem sem os pais, normalmente, é o momento em que todos ponderam que esta é a melhor decisão, pois, além de seguro, cobre imprevistos e necessidades emergenciais. Mas fique atento ao limite do seu cartão, ou seja, até quanto você pode gastar por mês: lembre-se que o valor da ENTRADA (ou seja, a sua mesada ou semanada) não muda só porque você tem um cartão de crédito, certo? É fundamental que você controle o dinheiro e não que o dinheiro controle você!

Os juros de cartão de crédito são sempre MUITO altos quando a fatura não é paga à vista. Por isso, é importante manter os gastos sob controle e nunca estourar o limite do cartão. Assim, ao receber sua mesada, você sempre terá o valor suficiente para pagar a despesa do cartão e poder fazer novos gastos tranquilamente.

Educação financeira | Como e por que poupar e investir?

6 QUAIS AS SITUAÇÕES EXTRAS QUE INDUZEM ÀS COMPRAS?

Brigou com o(a) namorado(a) e foi ao *shopping*? Está angustiado(a) e não se contém na hora de entrar numa loja e escolher mais um par de sapatos? A compra não deve servir de consolo. Expressões como "eu mereço me dar isso de presente" são muito sedutoras, mas não se engane! Pergunte-se também: "eu mereço ter essa dívida?". E mesmo que dinheiro não seja um problema para você, será que ele tem de ser usado para aplacar sentimentos de angústia e tristeza? Não seria melhor enfrentar a dor ou a dificuldade?

DINHEIRO É IMPORTANTE, MAS NÃO COMPRA TUDO O QUE PRECISAMOS PARA VIVER DE MODO EQUILIBRADO E SAUDÁVEL.

7. VOCÊ GOSTA DE ESTAR NA MODA?

Nada contra você seguir as últimas tendências da moda. Desde que caiba no seu orçamento, tudo bem. Mas preste atenção, porque às vezes é uma peça tão *fashion* que você nem consegue usar mais de uma vez – ou então nem veste tão bem assim. Nesse caso, prefira comprar em lojas de departamento, onde você pagará menos pelo produto e não vai se sentir culpada por usar tão pouco. Já se for uma roupa mais clássica, vale a pena investir numa grife famosa e ter uma peça que dure muitas estações.

Mesmo nas liquidações, procure comprar o que de fato irá aproveitar. Não é porque está barato que precisa encher a sacola.

LEMBRE-SE DO DITADO POPULAR: "O BARATO SAI CARO". COMPRAR E NÃO USAR SAI CARÍSSIMO!

8. VOCÊ COSTUMA REFORMAR OU DOAR O QUE NÃO USA MAIS?

Roupas e outros objetos podem ser reformados ou doados. Além de economizar dinheiro você também estará ajudando outras pessoas. Há uma série de instituições que vêm buscar em casa doações de objetos diversos, móveis, livros e roupas. Na internet você encontra várias delas. Há sebos que compram livros usados, o que também pode render algum dinheiro extra para você.

DOAR FAZ BEM AO OUTRO E A VOCÊ TAMBÉM. DOAR EQUIVALE A RECICLAR: O QUE VOCÊ NÃO USA MAIS PODE SER IMPORTANTE PARA OUTRAS PESSOAS.

Educação financeira | Como e por que poupar e investir?

9. VOCÊ CONSEGUE FICAR UM DIA SEM COMPRAR?

Por diversas razões ficamos muito mais do que um dia sem comprar nada, não é mesmo? Mas se todos juntos combinarem de deixar de comprar numa determinada data, torna-se um ato político.

Em 2009, o Ministério do Meio Ambiente (MMA) instituiu o dia do Consumo Consciente em 15 de outubro, para chamar a atenção do público para os problemas sociais, econômicos, ambientais e políticos causados pelos padrões de produção e consumo excessivos e insustentáveis. Pratique essa boa ideia e lidere o movimento no próximo 15 de outubro!

TER ATITUDES CONSCIENTES EM RELAÇÃO AO DINHEIRO VAI ALÉM DA POSSE DO PRÓPRIO DINHEIRO. É UMA QUESTÃO DE POSTURA E JEITO DE OLHAR O MUNDO DO CONSUMO. A QUESTÃO AQUI NÃO É TER OU NÃO TER, MAS ESCOLHER O QUE TER E COMO TER!

CURANDO A COMPULSÃO POR COMPRAS...

10. É VANTAJOSO FAZER POUPANÇA?

Há muitos tipos de investimento e de produtos financeiros disponíveis no mercado. Depende do montante e dos objetivos que você tem a curto, médio e longo prazos. Vale dizer, no entanto, que poupar é fundamental e que abrir uma caderneta de poupança é um passo inicial e seguro para se criar o hábito de economizar. Pratique essa ideia!

Comece com o famoso "cofrinho" e, aos poucos, considere investimentos mais inteligentes que possam fazer o dinheiro trabalhar por você.

Informações que valem quanto pesam!

Veja algumas dicas de aplicativos, *sites* e planilhas (de Excel) que podem ajudar na organização do seu orçamento:

IDEC: PARA QUEM QUER AVANÇAR DO PAPEL PARA O COMPUTADOR

A planilha do Idec (Instituto Brasileiro de Defesa do Consumidor) é indicada para quem sempre anotou os gastos no papel e ainda não está muito acostumado ao uso de planilhas no computador. A primeira página do documento é dedicada apenas a instruções sobre como usar a ferramenta. O manual também ajuda quem nunca fez um orçamento antes, já que inclui definições de termos como receita líquida, despesas fixas e variáveis. Também inclui a aba "aplicações", que permite observar a evolução dos investimentos.

Entre no *site* e baixe a planilha:

http://www.idec.org.br/especial/planilha-orcamento-domestico

(Acesso em: 13 jul. 2016)

Orçamento doméstico — Mês: janeiro

Total de receitas líquida	Real	Previsto	Variação
Receita	3.000,00	0,00	3.000,00
Total de despesas	2.733,00	0,00	**(2.733,00)**
Alimentação	485,00	0,00	**(485,00)**
Moradia	1.698,00	0,00	0,00
Educação	0,00	0,00	0,00
Animal de estimação	250,00	0,00	**(250,00)**
Saúde	0,00	0,00	0,00
Transporte	0,00	0,00	0,00
Pessoais	0,00	0,00	0,00
Lazer	0,00	0,00	3.000,00
Serviços financeiros	300,00	0,00	**(300,00)**
Saldo mensal receitas (−) despesas	267,00	–	267,00

MONI: PARA QUEM SÓ QUER REGISTRAR RECEITAS E DESPESAS

Com um *design* simples, o Moni é indicado para quem está começando a descobrir o universo dos aplicativos. A ferramenta basicamente registra receitas e despesas, mostrando o saldo final do usuário. Também é uma boa opção para quem gosta de fazer as anotações do seu jeito. "Em uma era em que tantas coisas são automatizadas, algumas vezes você tem que fazer algo de forma manual para dar certo", diz a descrição do app na Apple Store. Disponível para iOS e Android.

GUIA BOLSO: PARA QUEM NÃO TEM TEMPO PARA PERDER

É a ferramenta ideal para quem não tem paciência de preencher gasto por gasto na planilha. Ao inserir os dados das suas contas bancárias, o aplicativo organiza todas as informações, como o valor do salário, as despesas realizadas, os extratos de cada cartão etc. Uma vez cadastradas as contas, o app também atualiza cada transação automaticamente. Pode ser acessado nas versões para web ou iOS.

KAKEBO: PARA QUEM APRECIA OS HÁBITOS ORIENTAIS DE ORGANIZAÇÃO

Kakebo é uma palavra em japonês que significa "livro de contas para a economia doméstica". Fenômeno no Japão, a agenda financeira foi traduzida para o português (*Kakebo: agenda de finanças pessoais*, de Comite Blackie. Rio de Janeiro: BestSeller, 2014). Além de possuir tabelas para anotar os gastos e as despesas, também tem espaços dedicados à reflexão sobre os êxitos, esforços e fracassos de cada mês.

MINHAS ECONOMIAS: PARA ALCANÇAR OBJETIVOS

O principal destaque da ferramenta é o chamado "Gerenciador de sonhos". Ao informar uma meta, como a compra de um carro ou uma viagem, e o seu custo estimado, o sistema calcula quanto será preciso poupar por mês e apresenta uma lista de dicas sobre como alcançar o objetivo. O recurso "Minhas Respostas" também permite solucionar dúvidas de finanças pessoais com os gerenciadores do app e outros usuários.

Pode ser acessado pelo *site*:

http://www.minhaseconomias.com.br/ ou pelos apps para Android e iOS.

(Acesso em: 13 jul. 2016)

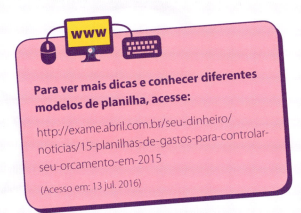

Para ver mais dicas e conhecer diferentes modelos de planilha, acesse:

http://exame.abril.com.br/seu-dinheiro/noticias/15-planilhas-de-gastos-para-controlar-seu-orcamento-em-2015

(Acesso em: 13 jul. 2016)

Educação financeira | Como e por que poupar e investir?

Construindo a própria riqueza

Investimento

Ter um emprego para garantir um salário mensal e poupar um pouco de dinheiro todo mês são as atitudes mais usuais de quem quer construir uma vida financeira boa e estável. Mas existem outras formas que permitem que você ganhe dinheiro e, de quebra, fazem o **dinheiro** trabalhar para você.

Há muitas maneiras de investir seu **capital** para que ele renda e trabalhe por você.

Usar seu dinheiro para tentar fazer mais dinheiro é o que se chama de investimento.

Capital é o dinheiro e/ou propriedade (riquezas) que se destinam a gerar mais riquezas.

O negócio das *startups*

Até pouco tempo atrás, fazer investimentos era um assunto exclusivo de adultos. Hoje é comum ler e ouvir nos noticiários histórias de jovens que montam seus próprios negócios ou *startups* e enriquecem da noite para o dia.

STARTUP = DAR INÍCIO

Para que um negócio possa ser chamado de *startup*, precisa apresentar algumas características básicas:
- Ser formado por uma ou mais pessoas com diferentes perfis e habilidades.
- Ser capaz de enxergar onde estão os problemas e criar soluções inteligentes.
- Criar um negócio inovador ou um jeito inovador de fazer negócio.
- Propor uma atividade que seja lucrativa e feita em escala.

VOCÊ SABIA QUE O GOOGLE FOI UMA *STARTUP*?

Os fundadores do Google perceberam que os mecanismos de busca na internet de antigamente eram fracos e operados por seres humanos que jamais conseguiriam indexar todos os *sites* que surgiam.

Ao entender a necessidade, desenvolveram o buscador Google depois de perceber que conheciam o suficiente para criar um algoritmo que conseguisse reconhecer e indexar cada vez mais um maior número de informações e *sites*. Deu certo, e hoje quase metade do orçamento que se investe em publicidade na internet no Brasil vai para o Google.

PARA ENTENDER MELHOR

EASY TAXI – Uma *startup* brasileira que ganhou o mundo

"Criado em 2011, o app já está presente em 32 países e conta com mais de dez milhões de usuários em todo o mundo. Hoje, são mais de 200 mil taxistas cadastrados no sistema e 1,4 mil funcionários nas sedes nacionais e internacionais. No início, o empreendedor brasileiro Tallis Gomes, criador da ferramenta, teve que largar o emprego e vender seu carro para bancar os custos de criação do app, além de, claro, gastar muita saliva para convencer taxistas a usarem seu produto".

Tallis Gomes é o fundador da Easy Taxi.

Trecho retirado do artigo "5 *startups* brasileiras que deixaram a garagem e conquistaram o mundo".

Para ler a reportagem completa acesse o *site* http://ow.ly/ZUhyB

(Acesso em: 13 jul. 2016)

Educação financeira | Como e por que poupar e investir?

FACEBOOK, UMA *STARTUP* QUE VIROU FILME

Baseado no livro *Bilionários por acaso* (de Ben Mezrich. Rio de Janeiro: Editora Intrínseca, 2010), o filme **A Rede Social**, do diretor David Fincher, detalha os bastidores da criação do Facebook. Em meio a muita deslealdade e furto de ideias, o filme mostra como os ambiciosos jovens criaram um negócio de bilhões.

Veja o *trailer*:
http://ow.ly/zGMV301u3Dh
(Acesso em: 13 jul. 2016)

Crowdfunding, a vaquinha virtual

Muitos projetos legais têm saído do papel à custa de financiamento coletivo, portanto, a falta de capital para dar início a um negócio não é mais uma desculpa para não levar sua ideia adiante.

Crowdfunding, em tradução literal, quer dizer "financiamento por uma multidão". Na verdade, é um financiamento colaborativo e funciona assim: você lança um projeto e informa o quanto precisa arrecadar de dinheiro. Grava um vídeo explicando a ideia e as pessoas que curtirem a sua iniciativa contribuem com o valor que quiserem. Caso o seu projeto consiga levantar a quantia necessária, você terá que dar um retorno aos seus doadores. Isso varia: pode ser uma cópia do produto (um jogo ou um livro, por exemplo), colocar os nomes dos doadores nos créditos etc.

68

7 passos essenciais para fazer uma campanha de financiamento coletivo (*crowdfunding*)

Dê um título para o projeto e conte uma boa história. Isso vai ser o coração de sua campanha.

Use o poder do vídeo para envolver pessoas e conseguir apoio.

Estabeleça uma meta e defina um valor a ser arrecadado.

Aproveite o *marketing* das redes sociais.

Defina as recompensas e os prazos.

Escolha a plataforma de *crowdfunding*.

Ação!

> Você sabia que algumas grandes empresas que conhecemos hoje já tiveram suas rodadas de investimento coletivo? Wikipédia, Linux e YouTube são alguns exemplos. E, acredite, até a famosa Estátua da Liberdade precisou de investimento coletivo para ser construída e transportada.

Educação financeira | Como e por que poupar e investir?

PARA ENTENDER MELHOR

Se você ficou interessado e quer saber mais, confira o artigo no *site* http://www.sobreadministracao.com/crowdfunding-o-que-e-e-como-funciona/.
(Acesso em: 13 jul. 2016)

Conheça também alguns projetos que estão em campanha no momento.

Em *sites* brasileiros:

- Catarse – http://catarse.me/pt
(Acesso em: 13 jul. 2016)

- Vakinha – http://www.vakinha.com.br
(Acesso em: 13 jul. 2016)

- Benfeitoria – http://www.benfeitoria.com/
(Acesso em: 13 jul. 2016)

- Kickante – http://www.kickante.com.br/
(Acesso em: 13 jul. 2016)

Em *sites* estrangeiros:

- Kickstarter – http://www.kickstarter.com/
(Acesso em: 13 jul. 2016)

- Peerbackers – http://peerbackers.com/
(Acesso em: 13 jul. 2016)

- Indiegogo – http://www.indiegogo.com/
(Acesso em: 13 jul. 2016)

Conheça também dois projetos que foram financiados via *crowdfunding*:

Star Citizen

Objetivo: US$ 500 mil
Arrecadado: US$ 36 milhões

É um jogo de combate espacial para PC criado por Chris Roberts. Com investimentos a partir de US$ 5, o projeto foi um dos recordistas mundiais em arrecadação de fundos via *crowdfunding* – provavelmente por conta da grande quantidade de informações sobre a sua execução, além da credibilidade do autor (que também criou o famoso *Wing Commander*).

Fonte: http://www.kickante.com.br/blog/blog/maiores-projetos-financiados-crowdfunding. (Acesso em: 13 jul. 2016)

Projeto Onçafari

Objetivo: R$ 25.000,00
Arrecadado: R$ 25.977,00

O Projeto Onçafari foi criado com o objetivo de incrementar o ecoturismo na região do Pantanal, especialmente através da observação de onças-pintadas. Segundo o criador Mario Haberfeld, a campanha foi um sucesso, apesar de ainda não ser fácil arrecadar fundos no Brasil. Foi necessário fazer uma grande divulgação nas mídias da Kickante e contar com a ajuda de muitos amigos e interessados pelo projeto.

Fonte: http://www.kickante.com.br/campanhas/ajude-preservar-oncas-pintadas. (Acesso em: 13 jul. 2016)

Os vilões da história: impostos e inflação

Em qualquer situação, seja poupando, seja fazendo investimentos mais radicais, é preciso considerar os **impostos** e a **inflação** como dois inimigos espertos e poderosos, que podem ameaçar os seus ganhos e economias. Curiosamente, os dois são representados por animais ferozes.

Impostos são diferentes taxas que o governo cobra dos indivíduos e das empresas para arrecadar dinheiro e investi-lo em ações e serviços que servem a todos os cidadãos, tais como escolas, hospitais, segurança etc.

Inflação é o aumento significativo dos preços de produtos e serviços. Não é à toa que quase sempre ela é representada por um dragão perigoso que ameaça os ganhos de todos, pois diminui o poder de compra das pessoas.

Como e por que doar?

Doar é uma palavra de origem latina que tem a ver com "presente", "dom". Qual é o seu dom? Quais dos seus bens podem ser doados na forma de presente para alguém?

Você sabia que o Brasil ocupa o 90º lugar no *ranking* mundial de doação? Estados Unidos e Myanmar (país ao sul da Ásia continental, também conhecido por Birmânia) compartilham a primeira posição. O relatório da The World Giving Index 2014, o mais abrangente estudo sobre doação no mundo, mostra que 22% dos brasileiros entrevistados afirmaram ter doado dinheiro para organizações da sociedade civil, 40% ajudaram desconhecidos e 16% fizeram algum tipo de trabalho voluntário.

O fato de os Estados Unidos e de Myanmar serem grandes doadores se explica pela cultura desses países. Neste último, por exemplo, 91% da população faz doações regulares, o que se explica pela força da comunidade budista na região.

Fonte: Relatório da CAF (Charities Aid Foundation) – Uma visão global das tendências de doação (novembro de 2014). Disponível em: http://idis.org.br/wp-content/uploads/2014/11/CAF_WGI2014_PT.pdf. (Acesso em: 13 jul. 2016)

Educação financeira | Como e por que doar?

ESMOLA X SOLIDARIEDADE

Dar esmola não significa que se está sendo solidário com o outro. É algo bem diferente. Mais importante do que doar algumas moedas a um morador de rua é participar da luta pela superação da miséria, por uma vida digna para todos, doando tempo, talento e até mesmo dinheiro para uma causa, que envolve maior número de pessoas.

Doar faz bem e é um bom negócio

De acordo com o relatório da CAF, vê-se que os brasileiros ainda precisam aprender que doação pode ser um bom negócio para quem recebe e, principalmente, para quem doa. Além de fazer bem para o corpo e para a alma, é possível descontar as doações do imposto de renda em até 6% do valor devido.

Doando o próprio sangue

8 dicas que você precisa saber sobre doação de sangue

- Uma única doação pode salvar até quatro vidas.
- O procedimento não "afina" nem "engrossa" o sangue.
- O procedimento não causa alteração de peso no doador.
- Períodos menstruais não impedem a doação de sangue.
- Para o homem, após uma doação de 450 mL de sangue, o plasma é reposto entre 48 e 72 horas, os glóbulos vermelhos em aproximadamente 4 semanas e o estoque de ferro em aproximadamente 8 semanas.
- Para a mulher, após uma doação de 450 mL de sangue, o plasma é reposto entre 48 e 72 horas, os glóbulos vermelhos em aproximadamente 4 semanas e o estoque de ferro em aproximadamente 12 semanas.
- O doador não corre risco de contrair aids, hepatite ou outras doenças infecciosas.
- No Brasil, as mulheres representam menos de 40% dos doadores de sangue.

Você sabia que Bill Gates, um dos fundadores da Microsoft (a maior e mais conhecida empresa de *software* do mundo), é também um grande filantropo? Em outras palavras, ele já doou grande parte da sua fortuna para a Bill & Melinda Gates Foundation, criada por ele e sua mulher. Um dos objetivos dessa fundação é promover a pesquisa sobre a aids e outras doenças que atingem, em maior parte, os países em desenvolvimento. Lá também são realizados estudos sobre novos tipos de energias sustentáveis e limpas.

Para conhecer mais sobre o trabalho do instituto, veja o *site*: http://www.gatesfoundation.org/
(Acesso em: 13 jul. 2016)

PARA ENTENDER MELHOR

Certamente, Bill Gates não é o único milionário que financia ações sociais. No mundo todo, e no Brasil também, há bastante gente que banca projetos e instituições sociais e culturais.

Mas, só por curiosidade, saiba o tamanho da riqueza do famoso dono da Microsoft: segundo a *Forbes* – conceituada revista de negócios e economia dos Estados Unidos –, Bill Gates liderou o *ranking* dos bilionários de 2015, com a fortuna de 79,2 bilhões de dólares. Dizem que ele chega a ganhar 250 dólares por segundo, o que significa que, no final de um dia, ele fica 21,6 milhões mais rico. Por ano, esse ganho chega a mais de 7 bilhões de dólares. Desse modo, ele pode doar 15 dólares para cada pessoa no mundo que ainda ficaria com 5 milhões para ele. Se viver até 95 anos – ele nasceu em 28 de outubro de 1955 –, pode gastar 6,78 milhões de dólares por dia se ele quiser acabar com todo o seu dinheiro antes de morrer. Ele poderia pagar sozinho a dívida dos Estados Unidos em 10 anos – o déficit nacional do país é de aproximadamente 5,62 trilhões de dólares.

Fonte: http://www.agkcorretora.com.br/noticia/149/curiosidades-sobre-dinheiro-bill-gates. (Acesso em: 13 jul. 2016)

O terceiro setor no Brasil

O **primeiro setor** é o Estado ou o governo em todas as suas formas de representação: federal, estadual e municipal. Podemos dizer também que é o setor que investe o dinheiro público para fins públicos.

O **segundo setor** é o mercado, as empresas e instituições privadas que investem os recursos levantados nas suas próprias atividades. Dinheiro privado para fins privados.

O **terceiro setor** é representado pelas ONG – Organizações Não Governamentais. São instituições privadas com fins públicos. Dinheiro privado investido em atividades e ações com finalidade social.

Se você acessar o *site* da filantropia.org, poderá fazer doações para as instituições de sua preferência, com segurança e transparência.

http://www.filantropia.org/

(Acesso em: 13 jul. 2016)

Antes de fechar a conta...

Esperamos que você tenha aprendido que **ganhar**, **gastar**, **poupar**, **investir** e **doar** são faces da mesma moeda, isto é, são aspectos fundamentais na formação do cidadão contemporâneo.

Ser cidadão é conseguir viver no mundo de maneira participativa e antenada com as mudanças que se impõem. O mundo das finanças, no estágio em que se encontra hoje, exige que se aprenda a fazer escolhas, a planejar e a saber investir.

Desejamos a você uma vida de muita fartura, daquela que é capaz de se multiplicar e se estender a todos. Pois contar com indivíduos ricos é muito bom, mas ter uma sociedade rica é melhor ainda. Saber promover um futuro financeiro equilibrado e produtivo é condição para uma melhor qualidade de vida e um país próspero.

E isso começa bem cedo, concretizando-se nas pequenas ações do nosso cotidiano.

Por isso, é fundamental colocar em prática muitas das dicas que você viu aqui, e, assim, encontrar o seu jeito de administrar seus recursos, talentos e dons, colocando-os a serviço do seu bem viver e do bem-estar de todos ao seu redor.

Educação financeira | Como e por que doar?

Referências bibliográficas

Por que, ao final dos livros, há sempre uma referência bibliográfica ou bibliografia consultada ou apenas bibliografia? Será que a gente tem de prestar atenção nisso?

Sim, com certeza! Ainda mais em tempos de internet, em que parece que todo mundo sabe tudo sobre tudo e é fácil se perder num "mar de informações"!

A bibliografia é o conjunto de referências que o autor usou para compor seu livro. São as fontes – que, espera-se, sejam sempre fidedignas, confiáveis – que ele usou para assegurar o que escreveu em seu livro.

E elas são fundamentais para quem quer saber se pode confiar no que leu, para quem quer continuar sabendo mais sobre o assunto ou ainda para quem quer ensinar sobre ele.

Então, bom proveito desta aqui, que preparamos cuidadosamente para você!

AKATU, Instituto. Caderno Temático: O Consumo Consciente do Dinheiro e do Crédito. Texto de George Barcat, Aron Belinky e Helio Mattar. São Paulo: Instituto Akatu, 2006.

BANCO CENTRAL DO BRASIL. *Fique por dentro*. Programa de Educação Financeira do Banco Central do Brasil. Brasília, 2004.

BANCO CENTRAL DO BRASIL. *O que são os bancos?* Cadernos BC. Programa de Educação Financeira do Banco Central do Brasil. 2. ed. Brasília, 2004 (Série Educativa).

D'AQUINO, Cássia. *20 dicas para ajudar você a administrar sua mesada*. São Paulo: Editora Me poupe, 2006.

EID JÚNIOR, William; GARCIA, Fabio Gallo. *Como fazer o orçamento familiar*. 4. ed. São Paulo: Publifolha, 2005 (Série sucesso profissional).

GIANNETTI, Eduardo. *O valor do amanhã*. São Paulo: Cia das Letras, 2005.

GLITZ, Eduardo Luce; RASSIER, Leandro Hirt. *Organize suas finanças*. 2. ed. São Paulo: Ed. Abril, 2007 (Coleção Você S/A de Finanças Pessoais).

GRADILONE, Cláudio. *Aprenda a investir*. São Paulo: Ed. Abril, 2007 (Coleção Você S/A de Finanças Pessoais).

GRIMSHAW, Caroline. *Conexões Dinheiro*. Trad. de Miriam Gabbai. São Paulo: Ed. Callis, 1998.

PILAGALLO, Oscar. *A aventura do dinheiro*: uma crônica da história milenar da moeda. São Paulo: Publifolha, 2000.

PROJETO ESCOLA BRASIL. Programa de Educação Financeira / Concepção, Pesquisa e Elaboração: Flávia Aidar e Januária Cristina Alves. 2008.

TOO, Lilian. *Riqueza*. Trad. de Laura K. Gillon. São Paulo: Ed. Avatar, 1997.

Sites

(Acessados em: 29 out. 2015)

http://portaldoprofessor.mec.gov.br/index.html

http://www.canalkids.com.br/bankids/lidia.htm

http://olhardigital.uol.com.br/noticia/entenda-o-que-e-a-bitcoin,-a-moeda-virtual-que-vale-mais-de-us-200/19410

http://g1.globo.com/tecnologia/noticia/2014/02/entenda-como-e-uma-transacao-feita-com-moeda-virtual-bitcoin.html

http://www.bancodetempo.net/pt/

http://www.idec.org.br/especial/planilha-orcamento-domestico

http://www.gatesfoundation.org/

http://www.filantropia.org/

Sobre a autora

Contar um pouco sobre a minha escolha profissional pode rapidamente nos aproximar. Sou professora de História formada pela USP e acredito que professores e alunos sempre têm algo em comum. Já ouvi muitos alunos dizerem que não gostam de estudar, mas nunca, ao longo de toda a minha carreira, conheci alguém que dissesse que não gosta de aprender. Gosto muito de saber como e por que as coisas acontecem e acredito que a curiosidade pode ser um elo entre nós, estou certa?

Trabalhei em várias escolas e em diversos tipos de instituição, sempre no campo da educação e da formação de estudantes e de profissionais, produzindo e escrevendo material didático.

Escrevi dois livros, o primeiro em parceria com minha querida amiga Januária Cristina Alves – é ela sim, a mesma que coordena esta coleção –, que, de cara, nos deu um importante prêmio em 2014 – o Prêmio Jabuti. O título que ele recebeu foi: *Para ler e ver com olhos livres*, e trata de arte. O segundo livro é este aqui, sobre Educação Financeira, e, de certa forma, trata também das artimanhas do sistema financeiro e da arte de saber ganhar e gastar, poupar e investir, multiplicar e doar.

Este livro é resultado da curiosidade e do meu interesse sobre o mundo, de um modo geral, e, especificamente, sobre o mundo das finanças. Como foi que o dinheiro surgiu? Como seria o mundo se não houvesse dinheiro? Como devemos nos relacionar com a produção e a acumulação de riquezas? Como planejar a vida financeira? E por aí vai...

Tenho dois filhos – Fernanda e Lucas – e dedico este livro a eles e a vocês, jovens leitores, com a certeza de que daqui para a frente será fundamental ser educado também financeiramente, porque, a depender das projeções estatísticas, essa geração vai viver muito, portanto é preciso aprender a viver bem, com saúde, com equilíbrio e com reservas financeiras, pois, como diz o ditado popular: "na hora de trabalhar, trabalhar, mas na hora de descansar, descansar, pois ninguém é de ferro".

Pensem nisso!

Flávia Aidar